Las tres cosas que te quedan por hacer

Las tres cosas
que te quedan por hacer

Mario Reyes

EDICIONES OBELISCO

Si este libro le ha interesado y desea que le mantengamos informado
de nuestras publicaciones, escríbanos indicándonos qué temas son de su interés
(Astrología, Autoayuda, Ciencias Ocultas, Artes Marciales, Naturismo,
Espiritualidad, Tradición...) y gustosamente le complaceremos.

Puede consultar nuestro catálogo en www.edicionesobelisco.com

Colección Psicología
LAS TRES COSAS QUE TE QUEDAN POR HACER
Mario Reyes

1.ª edición: marzo de 2016

Maquetación: *Isabel Estrada*
Corrección: *M.ª Jesús Rodríguez*
Diseño de cubierta: *Enrique Iborra*

© 2016, Mario Reyes
(Reservados todos los derechos)
© 2016, Ediciones Obelisco, S. L.
(Reservados los derechos para la presente edición)

Edita: Ediciones Obelisco S. L.
Pere IV, 78 (Edif. Pedro IV) 3.ª planta 5.ª puerta
08005 Barcelona - España
Tel. 93 309 85 25 - Fax 93 309 85 23
E-mail: info@edicionesobelisco.com

ISBN: 978-84-9111-073-6
Depósito Legal: B-3.263-2016

Printed in Spain

Impreso en España en los talleres gráficos de Romanyà/Valls S.A.
Verdaguer, 1 - 08786 Capellades (Barcelona)

Si amas la vida, no pierdas el tiempo,
pues el tiempo es la materia
de la que está hecha la vida.

Bruce Lee

1. Fin

Germán puso un disco de jazz mientras conducía su Maserati Grancabrio por la carretera que bordeaba la costa. Con el verano a punto de llegar, el mar reflejaba como un espejo los rayos de aquella mañana profundamente azul.

El día no podía haber empezado mejor, pensó mientras reducía la velocidad en una curva sobre el gran horizonte marino. Había logrado vender la empresa que había comprado a precio de saldo hacía sólo seis meses, tras ser saneada y reposicionada, por un precio diez veces superior.

Aquélla era su especialidad: comprar por nada una compañía que nadie quería para, después de aplicar su modelo de gestión, revenderla a un grupo inversor por mucho más dinero. Y vuelta a empezar.

Una suave brisa levantó sus cabellos plateados mientras se preguntaba si Brenda, su nueva amante, habría llegado ya al chalet. Construido en lo alto de un promontorio, ofrecía la mejor vista de aquella parte del Mediterráneo.

Comerían en la terraza ostras frescas que ya había encargado, su vino blanco predilecto y el postre secreto de la cocinera, una tarta de cítricos que había ganado premios en varios certámenes.

Germán calculó que faltaría poco más de cien metros para llegar a su propiedad y dar inicio a aquella fiesta para dos.

«Lo mejor de todo es que es lunes», se dijo cuando tomaba la última curva reduciendo aún más la velocidad.

Y entonces la vio.

Una furgoneta aparecida de la nada invadió su carril.

Antes de que pudiera dar un golpe de volante, Germán sintió el impacto. Un instante después, él y su coche de 200.000 euros cayeron al precipicio.

2. La compensación

Después de toda una vida temiendo a la muerte, Germán se dio cuenta de que no era tan terrible como había pensado. A diez metros del coche destrozado, un hombre vestido con un traje blanco impoluto le esperaba pacientemente con las manos unidas.

Germán celebró que el Más Allá tuviera el detalle de recomponer su cuerpo antes de pasar al otro mundo, ya que después de aquella caída era dudoso que le hubiera quedado un hueso entero.

Saltó fuera del Grancabrio convertido en chatarra y se sacudió el polvo de su traje Armani, que volvía a estar impecable como si no hubiera sufrido un rasguño.

El hombre de blanco le recibió con una sonrisa, a la vez que le indicaba que le acompañara por un sendero que remontaba la cuesta hasta la curva donde habían caído.

—Ya podría haber helicópteros en la Muerte —ironizó Germán, quien comprobó que sus piernas volvían a estar en perfecto estado de mantenimiento—, o adquirir la capacidad de volar. ¿Acaso no vuelan los ángeles del cielo?

—Eso será en las películas –repuso el hombre de blanco, que parecía joven pese a su cabeza perfectamente rasurada–. En la Otra Vida, como preferimos llamarla, todo es muy parecido a la que tú has conocido, sólo que… –se pasó la mano por la cabeza antes de concluir– aquí todo tiene un sentido.

Germán no entendió qué había querido decir con eso, pero siguió remontando el camino esperando que en la Otra Vida pudiera disponer de su casa para reponerse después de aquel batacazo.

Su guía aflojó el paso para ponerse a su nivel. El sendero era lo bastante ancho para los dos, así que el hombre de blanco le preguntó en tono relajado:

—¿Cómo cree que va ser recordado?

Aquella pregunta pilló desprevenido a Germán, que no se había planteado nunca nada así. A sus cincuenta y dos años, aún no había sufrido un solo achaque y, por la longevidad de los varones de su familia, había calculado vivir en condiciones óptimas al menos veinticinco años más.

—Pues no lo sé –reconoció al fin–. Hace tiempo que me separé de mi mujer y veo a mi hijo dos fines de semana al mes. Ella no quiere saber nada de mí y el niño… la verdad es que tiene más confianza con la canguro, porque juega con ella a videojuegos, que conmigo. Aparte de eso, vivo por y para los negocios, así que poca gente me ha visto fuera de las reuniones de trabajo.

—En su expediente vital he leído que a lo largo de su carrera compró y revendió más de cien empresas –dijo el guía mostrándole un grueso portafolios dorado–. Eso suma muchos empleados que habrán sabido de usted.

—No creo que estén muy contentos… Mi trabajo era reflotar empresas que perdían dinero. Para conseguir eso necesitas sacarte de encima a los que más cobran y poner en su lugar a gente más joven y preparada, además de más barata. –Habían llegado ya a la curva fatídica, cuando Germán añadió–: Resumiendo, tampoco puedo decirte cómo me recordará esa gente, pero seguro que no soy su héroe.

—Es bueno ser sincero con uno mismo… Sobre todo aquí.

—¿Por qué? –preguntó Germán repentinamente inquieto–. ¿Va a haber un juicio?

—Para nada –le tranquilizó el guía mientras le animaba a seguirle por la carretera–. Aquí no se premia ni se castiga a nadie, sólo se aprende.

—A ver si lo entiendo… Si mi vida ya ha terminado y voy a descansar para toda la eternidad, ¿qué sentido tiene aprender?

—Es una cortesía de la Otra Vida, una compensación por haber perdido todo lo que poseía uno antes. Especialmente quienes mueren de accidente, como usted, no han tenido ocasión de vivir todas las cosas importantes en profundidad. Por eso les traemos aquí: para que entiendan, aprendan y puedan marcharse en paz.

—¿Marcharse? –se asustó Germán ¿Adónde?

El guía se encogió de hombros. Luego extendió la mano izquierda en dirección a lo que había sustituido, en aquel otro mundo, a la casa de Germán.

—Dios mío… –suspiró.

Una fabulosa ciudad con torres de cristal y almenas cubiertas de hiedra se alzaba ante los ojos de Germán.

3. Las tres cosas pendientes

Una azafata de protocolo con una sonrisa radiante fue a buscar a Germán, que en aquel momento se dio cuenta de que tenía una larga alfombra roja –como en los Óscar– bajo los pies.

Conducía hasta la entrada de la ciudad.

—Yo me quedo aquí –se despidió el guía estrechándole la mano–. Cuando haya terminado, le llevaré a su destino definitivo.

A Germán no le gustaba la idea de ir a una tercera vida que no conocía, sobre todo por lo que empezaba a vislumbrar de la segunda, pero siguió a la azafata por la alfombra mientras el hombre de blanco quedaba atrás.

Antes de franquear la puerta giratoria que daba acceso a aquella ciudad que tanto prometía, un conserje abotonado hasta el cuello pidió al recién llegado que rellenara un documento.

—Pensaba que ya tenían aquí mi expediente… –dijo Germán acercándose al papel para leerlo.

—Esto no está en su expediente vital –contestó el otro tendiéndole una estilográfica–, porque se refiere a cosas que usted no ha llegado a hacer.

Germán leyó aquel enunciado con asombro. Necesitó cavilar un rato para rellenar los tres espacios que había debajo.

LAS TRES COSAS QUE TE QUEDARON POR HACER

1. Conseguir una relación duradera
2. Ser un padre para mi hijo
3. Crear una fundación para ayudar a los necesitados

El conserje selló el documento enérgicamente y lo guardó en un cajón de la misma mesa. Acto seguido, con un gesto cortés indicó al invitado que ya podía cruzar la puerta giratoria.

Al hacerlo, Germán sintió que se le escapaban las lágrimas.

4. La proyección

Al otro lado de las puertas, la ciudad le habría parecido un parque de atracciones si no hubiera sido porque Germán era el único que caminaba por aquella avenida flanqueada de edificios de curiosas formas y rótulos iluminados en pleno día. Pasó junto a varios puestos de comida y chucherías. Una gran olla escupía palomitas de colores mientras un viejo órgano reproducía con una triste y chirriante parsimonia *Oh, happy day.*

Germán recordó con extrañeza las palabras del hombre de blanco: «*Aquí no se premia ni se castiga a nadie, sólo se aprende*».

¿Qué podía aprender en un parque de atracciones donde sólo parecía estar él? Aquello no era nada divertido… Iba pensando en esto cuando, de repente, levantó la cabeza hacia el enorme cartel de un cine.

Al ver quién protagonizaba la película, se quedó sin aliento.

Vestido con una camisa hawaiana y un sombrero blanco, se descubrió a sí mismo levantando una copa de champán con una sonrisa dentífrica.

El título del filme acabó de dejarle en estado de shock.

LA VIDA FELIZ DE GERMÁN

Sin duda, aquello formaba parte del aprendizaje que le había prometido su guía, pensó Germán, asombrado, mientras empujaba la puerta de cristal para entrar en un reluciente *hall*. Comprobó que aún llevaba su cartera al acercarse a la taquilla, donde una joven de ojos brillantes declaró:

—El actor principal no debe pagar para ver su propia película.

Dicho esto, le entregó su entrada.

Germán se dejó guiar por un acomodador vestido de rojo, como los de antes, por un pasillo enmoquetado. El hombre descorrió luego una tupida cortina de terciopelo para que pudiera pasar al interior de la sala.

Tal como había temido, él era el único espectador en todo el patio de butacas. La ciudad entera, si es que aquello era una ciudad, parecía estar allí sólo para él.

Se sentó en el centro de la sala, tal como hacía de niño –desde entonces no había vuelto a un cine–, justo cuando las luces se apagaban.

En la amplia pantalla no se proyectaron anuncios, ni tampoco tráileres de otras películas. Sin más prolegómenos, en letras blancas sobre fondo negro apareció «LA VIDA FELIZ DE GERMÁN».

El protagonista y único espectador se agarró emocionado a los reposabrazos, expectante ante el inicio de la película de su vida. Sin embargo, cuando las letras blancas se fundieron en el negro, la pantalla se quedó a oscuras un buen rato.

Luego aparecieron tres letras:

FIN

Ésa era toda la película.

5. Un nuevo montaje

Cuando las luces se encendieron, Germán se levantó de la butaca con un sentimiento de indignación. Si no fuera porque no había pagado la entrada, habría exigido a gritos que le devolvieran su dinero inmediatamente.

Al descorrer la gruesa cortina de terciopelo para salir, topó con una anciana que parecía esperarle allí mismo. Vestida con un traje chaqueta azul marino, lo saludó con una sonrisa paciente antes de tenderle la mano.

—Soy Palmira, su asistente personal en este lugar. Espero que no le decepcione que le hayan asignado una ayudante sénior.

—En absoluto, lo que me decepciona es la película que acaban de proyectar. Es una auténtica mierda.

La asistente dio un pasito atrás, como impresionada por la rudeza de aquellas palabras. Luego le tomó las manos con suavidad y dijo:

—Por favor, no diga usted eso de su propia vida... Si quiere podemos ir a hablar con el montador. Está aquí arriba, en la cabina de proyección.

—Vayamos a verle —dijo Germán—, quiero tener cuatro palabras con él.

Palmira le indicó que subieran por una escalera que arrancaba al fondo del pasillo. Después de cuatro tramos de escalones, la anciana empujó una puerta con el letrero iluminado de «NO PASAR». En el interior descubrieron a un hombre con mostacho. Estaba sentado en un butacón bajo un enorme proyector.

—El señor no está contento con el argumento de la película —le informó su asistente—. Como además de ser el proyectista, has montado tú la cinta, quizá se pueda hacer un arreglo. Una especie de *Director's Cut*.

—¿Me tomáis el pelo? —saltó Germán—. En esta película sólo hay el título y el FIN. Entre medio no hay nada.

El proyectista se mesó el bigote. Luego fue a un ordenador que había junto a la mesa de luces. Abrió varias carpetas del escritorio mientras meneaba la cabeza.

—Debe de haber algún error… Todos los archivos de LA VIDA FELIZ DE GERMÁN están vacíos. Pero eso tiene arreglo. Por supuesto, necesitaré de la colaboración del caballero para que me suban el material de ahí abajo.

El aludido entendió que «ahí abajo» se refería a la vida de la que había salido a la fuerza tras el accidente. El montador tomó un cuaderno y le miró de forma inquisidora.

—¿Puede precisarme cuáles fueron los momentos más felices de su vida? Pediré esos recuerdos y haremos una nueva versión de su película. —El hombre sonrió por debajo del bigote antes de añadir—. Para el reestreno, puedo conseguirle incluso que la sala esté llena de gente.

Germán se quedó sin saber qué decir. Había vivido algunos momentos felices en su anterior vida, como el idilio con su esposa que él luego había estropeado, y muy especialmente el nacimiento de su hijo. Se emocionó al recordar fugazmente el momento en el que había visto su rostro por primera vez en la sala de partos. Un año después abandonaba su hogar tras ser cazado en una infidelidad. Desde entonces se había entregado al trabajo y a lujos ocasionales que no le llenaban. Definitivamente, no le apetecía que una sala llena de espectadores viera que su vida presentaba un balance tan pobre.

Tal vez podía pedir que se proyectaran los recuerdos de su infancia, pensó, pero la muerte temprana de sus padres los había teñido de una lánguida melancolía. Quizá tampoco fueran verdadera felicidad.

—¿Puedo pensarlo un poco? –pidió finalmente–. No quiero que la nueva versión de mi película sea un fiasco.

—Tómese el tiempo que quiera. De hecho, Nicolás puede ayudarle. ¿Verdad, Palmira?

La anciana asintió con la cabeza. Germán no entendía nada.

—¿Quién es Nicolás?

—El director de Proyecto de Vida. Él puede enseñarle cómo hacer una buena película.

6. ¿Adónde vas?

Al salir del cine, vio que una furgoneta roja aguardaba en la puerta. Sentado al volante, un hombre muy alto de unos sesenta años hizo sonar el claxon para llamar la atención de Palmira, que exclamó:

—Ése es Nicolás... Seguro que le han llamado para ayudarte.

—¿Cómo puede haber llegado tan rápido? –preguntó Germán, sorprendido.

—Aquí, en el Otro Mundo, no hay tiempo que perder. No olvides que tienes a alguien esperándote ahí fuera...

A Germán no le gustó escuchar esto. Le inquietaba sobre manera cuál sería el lugar dónde iba a pasar la eternidad, así que se propuso retrasar lo más posible su destino final.

—Siéntate delante con él –propuso Palmira–, así podéis charlar.

Antes de abrir la puerta del copiloto, se fijó en las grandes letras que adornaban el lateral de la furgoneta.

Intrigado por la actividad que debía desarrollar aquella empresa, se sentó al lado del tal Nicolás, que le recibió con una palmadita amigable en el hombro.

Mientras encendía el motor, Germán se dio cuenta de que Palmira se había quedado fuera del coche y les despedía con la mano.

—¿No viene con nosotros?

—De momento, no.

—Por cierto, ¿adónde vamos?

Nicolás rio antes de contestar:

—Adonde tú quieras. Yo tengo todo el tiempo del mundo.

Germán se encogió de hombros y el piloto, ante su indecisión, optó por pisar el acelerador y salir por aquella avenida en medio de una nube de polvo.

—Si no sabes adónde vas, tienes un problema, amigo —le dijo a la vez que le entregaba un cuaderno rojo y un bolígrafo—. Te aconsejo que vayas tomando notas. Para reestrenar tu película con éxito vas a tener que pensar en lo que nunca has pensado.

7. ¿Cuál es la mejor religión?

Una vez abandonada aquella ciudad reluciente y llena de diversiones para nadie, la furgoneta se internó por un desierto salpicado de suaves montañas rojizas.

Germán contemplaba el paisaje en silencio, entregado a sus cavilaciones, hasta que vio cómo el sol iniciaba su declive. Cuando la luz dorada de la tarde empezó a envolverlo todo, Nicolás dijo de repente:

—No es casual que la mayoría de las religiones hayan nacido en el desierto. Esta inmensidad y este vacío invitan a la humildad y a hacerse preguntas —el conductor sonrió al recordar algo y dijo—: Ahí abajo, una vez el jesuita Anthony de Mello preguntó al Dalai Lama: «¿Cuál es la mejor religión?», y ¿sabes lo que contestó el líder de los budistas tibetanos? Dijo: «La que te hace mejor persona».

—Es una gran respuesta —concedió Germán.

—Sí, y en el fondo todas las religiones buscan lo mismo: desarrollar las virtudes humanas… El problema es que a veces nos quedamos sólo con la palabra. A ti no te sucederá, amigo. Vas a aprender mucho aquí.

—¿Para qué? —respondió amargamente Germán—. Ya soy pasado…

—El pasado hay que aceptarlo incondicionalmente. Ya está hecho. Lo único que puedes hacer es decidir quién quieres ser a partir de ahora.

—Yo ya no soy nada… —repuso Germán con amargura—. De hecho, estoy aquí de paso para aprender algo, según me han dicho, antes de marcharme a pasar la eternidad a algún sitio donde no moleste.

—¿Por qué hablas así? —le riñó Nicolás—. Si quieres aprender algo, olvídate de lo que eres y de lo que no eres. Te voy a proponer un juego… Vamos a hacer como si tuvieras aún toda una vida por delante.

Germán miró de reojo a aquel hombre corpulento y de mirada enérgica bajo el pelo gris, que a continuación le pidió:

—Ahora quiero que seas sincero, porque vas a evaluarte como hijo, pareja y padre.

—Creo que voy a decepcionarte —repuso incómodo Germán—, porque no tengo gran cosa a decir en ninguna de las tres categorías. A lo largo de mi vida, casi no llegué a ejercer de padre, ni tampoco fui una pareja ejemplar.

—Deja de hablar en pasado —le corrigió Nicolás—. Ya te lo he dicho antes… Para que el juego funcione, necesito que hagas como si tuvieras toda la vida por delante.

—De acuerdo. Empezaré por mis padres… La verdad es que apenas los conocí. Murieron en un accidente cuando yo tenía poco más de seis años y fui educado en un internado que se costeaba con sus ahorros hasta que fui mayor de edad.

—¿Cuántas veces has ido a su tumba a llevarles presentes o hablar con ellos?

Germán se quedó mudo ante aquella pregunta. Antes de responder, contempló un rato cómo el sol se escondía ya bajo las montañas.

—De hecho, nunca. Fueron enterrados a cientos de kilómetros de donde yo me crie… –Tragó saliva antes de poder seguir–. Y supongo que no tuve ganas de enfrentarme a la tragedia de su muerte.

—Por eso has vivido escapando… Pero ¿sabes una cosa? No es necesario que tus padres estén vivos para reconciliarte con ellos.

—¿Reconciliarme?

—Sí, yo creo que no les perdonas que te faltaran cuando más los necesitabas. Por eso, quiero que converses con ellos, aunque su tumba haya quedado en el otro mundo. Háblales desde el corazón.

—¿Y qué les digo? –preguntó Germán, aturdido.

—Para amarles de verdad, primero de todo debes perdonarles. –Nicolás detuvo el coche junto a una pared rocosa, pero siguió hablando–. Dirígete a ellos en voz alta o, mejor aún, escríbeles una carta para decirles que les perdonas por haber abandonado este mundo demasiado pronto, por no haber podido atender mejor tus necesidades. Desde ese perdón llegarás al amor. En este punto ya podrás expresarles, aunque no estén, cuánto les quieres. Para caminar ligero, es importante hacer eso al menos una vez en la vida.

8. Acompañar la pareja

Cuando salieron de la furgoneta, la temperatura había caído en picado. El traje Armani de Germán era claramente insuficiente para aquel aire gélido, así que estuvo tentado a volver dentro del vehículo.

—Ayúdame a sacar leña —dijo Nicolás como si le hubiera leído el pensamiento—. Vamos a encender una hoguera.

—¿Estás pensando en pasar la noche a la intemperie? —le preguntó mientras abrían la parte de atrás de la furgoneta, donde estaban apilados leños y ramas secas.

—Necesitas dormir bajo las estrellas, eso es lo que pienso. ¿Cuándo fue la última vez que lo hiciste?

Germán tuvo que escarbar bastante en la memoria hasta recordar la primera y última vez que había pasado la noche al raso. Había sido a los catorce años, en unas colonias de la escuela.

Apenas pudo ver las estrellas porque se había tumbado a su lado Esther, que para él era un astro mucho más brillante que las que alumbraban el firmamento. Había amado secretamente a aquella chica tímida y bondadosa, con ojos grandes como lunas, pero jamás se atrevió a mostrarle su amor. Tampoco aquella noche tan lejana que pertenecía ya a otra vida.

—¿En qué estás pensando? —preguntó Nicolás mientras encendía la hoguera con destreza.

—En una chica. —No le importó confesarlo—. Bueno, hoy debe de ser una mujer de mi edad, aunque no la he visto desde que iba a la escuela.

—Eso nos lleva al segundo campo de los tres... ¿Cómo te evalúas como pareja?

Germán se quedó un rato pensativo mientras el fuego crepitaba. Su acompañante había clavado unos palos en la arena para cocer varias patatas al calor de las llamas.

—Todos mis intentos de formar una pareja han fracasado —reconoció al fin—. Supongo que elegí mal o no supe dar con la persona adecuada.

—¿Por qué te distanciaste de la madre de tu hijo?

—No fue culpa de nadie... —Germán hizo memoria a la vez que seguía con la mirada la danza de las llamas—. Al principio me entendía muy bien con Marta, pero con el paso del tiempo la cosa se fue enfriando. Ella se interesó por el budismo y la cocina vegetariana, y empezó a frecuentar un ambiente que al final no tenía nada que ver con el mío. Cuando nació Bruno, mi hijo, éramos prácticamente dos desconocidos.

—Espera, ¿cuál era tu ambiente? —disparó el otro.

—No te lo sabría decir... Más allá de comer, hacer el amor y dormir, apenas dispuse de tiempo libre en mi vida. Es una pena.

—Bueno, espero que al final de tu estancia aquí encuentres cuál es tu lugar. De hecho, al otro lado del desierto está la Ciudad del Amor. Allí aprenderás algunos secretos, pero antes déjame comentarte algo muy obvio pero práctico sobre quién fue tu esposa.

—Adelante...

—Deberías haber acompañado a Marta en su acercamiento al budismo, aunque no te interesara. Lo mismo digo de la cocina vegetariana.

—Pero eso no sería honesto –repuso Germán mientras apartaba una patata del fuego para que no se quemara–. ¿Por qué hacer algo que, de entrada, no te interesa?

—Para conocer mejor a tu pareja y crecer con ella. Si quieres dar una oportunidad al amor, has de acompañar al otro en sus aficiones, aunque no te gusten. Así, cuando te hable de sus pasiones sabrás a qué se refiere. –Nicolás levantó la mirada al cielo nocturno, cruzado en aquel momento por una estrella fugaz–. Si no lo haces, obligas al otro a construirse una vida paralela. Y eso ya sabemos cómo acaba... Aparecerá alguien más afín que ocupará tu lugar.

—Efectivamente, eso es lo que sucedió.

9. Ser dignos de nuestros hijos

Terminada aquella cena frugal, Nicolás puso sobre el fuego un cazo con una infusión de hierbas. Tras evaluarse pobremente como hijo y como pareja, Germán tuvo que definirse como padre.

—Todo lo que puedo decir es que, tras los primeros meses, estuve totalmente ausente... –reconoció con vergüenza–. Fui demasiado egoísta para entender que Bruno me necesitaba desesperadamente.

—Imagina ahora que tu hijo está aquí, junto al fuego, con nosotros. Estamos trazando un Proyecto de Vida.

—Me parece un juego cruel cuando estás muerto, pero lo haré. Voy a imaginar que Bruno está aquí. Ya lo estoy viendo...

En la oscuridad quebrada por las llamas, Germán vio a un niño que se parecía a él pero no era él. Su mirada era más pura y brillante, y su sonrisa no conocía aún los peajes y traiciones de la vida.

—Bien, ahora que tienes presente a tu hijo, imagina que ya ha crecido. Es un joven que ha logrado terminar sus estudios y empieza a abrirse paso en la vida –explicó Nicolás con voz suave y pausada–. Tú entonces mueres.

—Eso no me cuesta de imaginar, puesto que estoy aquí…

—Perfecto, y ahora viene lo importante. Una vez muerto, dime cómo te gustaría que te recordara tu hijo.

Germán meditó unos instantes antes de responder:

—Me gustaría que pensara en mí como en alguien que supo escucharle… Y no sólo a él, sino a todo el mundo. Es una cualidad que me hubiera gustado tener –reconoció con humildad–, porque es muy raro encontrar a alguien que escuche.

—Quiero que hables de ti como si ya tuvieras estas cualidades, Germán, pero sigue… Dime más cosas sobre cómo te gustaría que te recordara tu hijo.

—También me gustaría que me recordara como alguien que le acompañó sin aconsejar. ¿Sabes lo que quiero decir?

Nicolás asintió en silencio.

—Alguien que estuvo siempre allí –siguió–, en los momentos cruciales, pero que nunca obligó a su hijo a tomar un camino u otro.

—Eres un buen padre.

—Por último, quiero que me recuerde como alguien que le dedicó tiempo de verdad, no sólo los ratitos que le sobraban del trabajo.

Dicho esto, los dos quedaron en silencio mientras la hoguera se iba extinguiendo. Germán apuró su infusión de hierbas antes de tenderse sobre la arena con una manta que había sacado del coche.

—Cuando tienes claro cómo quieres ser recordado —concluyó Nicolás—, también sabes cómo vivir, porque descubres los valores que te harán digno de tus hijos.

Tras esta conversación, se tumbaron al calor de las brasas.

A diferencia de su acompañante, Germán estuvo despierto un buen rato, admirando el lejano temblor de las estrellas. Antes de caer dormido, recordó una vez más aquella chica de clase a la que jamás había demostrado su amor.

Desde el desierto de la Otra Vida, al pensar nuevamente en su hijo una lágrima escapó de sus ojos. De haber sabido que le esperaba aquel final, pensó, habría vivido de modo que pudiera sentirse orgulloso de él.

10. El regalo de los padres

Los rayos del sol empezaron a ganar el desierto, palmo a palmo, hasta despertar a los dos viajeros, que descansaban junto a las últimas brasas.

Tras recoger los restos del campamento improvisado al aire libre, subieron de nuevo a la furgoneta y reanudaron la marcha a través de una pista de tierra que se adentraba en medio de la nada.

—¿Adónde nos dirigimos? —preguntó Germán aún adormecido.

—Hacia el futuro, eso siempre. Incluso en la Otra Vida hay un futuro.

—Me refiero a la Ciudad del Amor de la que me hablaste ayer.

—Liubápolis, pero no llegaremos ni hoy ni mañana. Queda mucho desierto todavía... Eso sí, por el camino hay algunos oasis en los que podrás refrescarte. Y no sólo de agua.

Intrigado, Germán quiso saber qué había querido decir con esto último pero, antes de que pudiera interrogar al conductor, éste le saltó con otra pregunta:

—Por cierto, ¿cuáles son tus valores?

—Si te soy sincero… –caviló un instante Germán–. Lo cierto es que no lo sé. He vivido tan pendiente de objetivos a corto plazo: reuniones, contratos, compras, ventas… que no me paraba a pensar en valores. Hacía lo que tenía que hacer en cada momento y punto.

—Sí lo sabes… ¿En qué has gastado tu tiempo? Ésos son tus valores. Aquello a lo que dedicas tu vida es lo que tú eres.

Un bufido sordo en la parte trasera del vehículo precedió a un traqueteo que desequilibró la furgoneta hacia la derecha. Nicolás exhaló un gruñido antes de echar el freno hasta detenerse en mitad de un arenal.

—Hemos pinchado –anunció.

—Pensaba que eso no pasaba en el otro mundo. ¡Qué absurdo! –dijo Germán.

—Aquí no hay nada absurdo… Todo sucede por algo.

Dicho esto, Nicolás calzó el gato y empezó a darle a la manivela para levantar la rueda y poder cambiarla por la de recambio.

Un sol abrasador caía implacable sobre el inmenso espacio sin vida.

Agachado en la parte trasera del vehículo para ayudar al director de Proyecto de Vida, Germán observó sorprendido cómo Nicolás dejaba de desatornillar la rueda pinchada. Sirviéndose de la llave, trazó tres líneas verticales y los encabezamientos en la arena finísima.

Cosas que agradeces	Cosas de las que te has quejado	Opuesto a la queja

—Quiero que vuelvas a pensar en tus padres –dijo Nicolás.

—Ya te dije que murieron siendo yo un niño.

—Da igual, te han legado valores que han hecho de ti lo que eres. En la columna de la izquierda quiero que sitúes las cosas que agradeces de tus padres, los valores que te han dejado. En la del medio, sus defectos, de los que te has quejado. Y en la columna de la derecha, el opuesto a esas quejas.

Germán reflexionó. Pese a haber compartido pocos años con ellos, sus recuerdos de infancia eran muy vivos y no todos positivos. De hecho, su accidente mortal había tenido lugar regresando del viaje absurdo a una fiesta a la que no deseaban ir. Tras mirar aquellas tres columnas, escribió con un palo muy fino dentro de ellas.

Cosas que agradeces	Cosas de las que te has quejado	Opuesto a la queja
Generosidad	Adicción a complacer a los demás	Saber complacerse a uno mismo
Honestidad	Miedo al que dirán	Libertad de la opinión ajena
Capacidad de trabajo	No expresaron sus sentimientos	Expresar sentimientos
Buena educación	Exigieron demasiado	Exigir lo justo
Justicia	Controladores	Confiar
Decir siempre la verdad	No me felicitaban	Expresar aprobación

—Muy bien. Eso es lo que aprendiste de tus padres.

—Ya has visto que no es todo bueno...

—¡Al contrario! –saltó Nicolás, a la vez que tapaba con el pie la columna central–. Fíjate en lo que hago… Al tapar la queja, queda sólo lo que has aprendido de verdad, porque lo que no te gustaba de ellos te movió a desarrollar el valor contrario.

Germán se quedó sorprendido ante esa evidencia.

—Ahí tienes el «Yo soy», lo que has aprendido. Por lo tanto, ahora quiero que repitas: *«Gracias, mamá y papa, por todo lo que me habéis dado, y también por haberme dado aquello de lo que me he quejado, ya que gracias a eso desarrollé lo opuesto».*

11. Cuando lo crees, lo creas

Llegado el mediodía, Germán temió que iba a morir –por segunda vez– abrasado en medio del desierto, ya que el depósito de gasolina había entrado en reserva. Justo entonces, un inesperado palmeral brotó en medio de la nada.

Tras aparcar en un espacio de sombra, Nicolás indicó a su compañero que se adentraran por un cuidado sendero flanqueado por piedrecitas. Parecía llevar al interior de aquel pulmón verde.

—¡Un oasis! –dijo Germán admirado–. Estoy deseando beber un poco de agua fresca.

—La tendrás… –contestó el otro en un tono enigmático–. Si estás convencido de encontrarla.

—¿Qué quieres decir?

—Seguro que cuando vivías ahí abajo te sucedió más de una vez… Circular con tu coche por alguna zona concurrida del centro donde era casi imposible aparcar, pero estar convencido de encontrar un hueco. Cuando pensabas así, el lugar aparecía. En cambio, si buscabas aparcamiento con la idea de que serías incapaz de encontrarlo, podías estar horas dando vueltas sin éxito. ¿No era así?

Germán asintió. Había vivido ambas situaciones más de una vez.

—Aquello que crees, acaba creando tu realidad. Por eso, antes de realizar ningún cambio vital es muy importante ser conscientes de cuáles son nuestras creencias. Muchas de ellas son limitadoras y nos impiden aparcar el coche y echar a andar.

El sendero llevaba hasta una agradable plaza con una fuente pública. A la sombra de una gran jaima, un grupo de ancianos charlaban con un vaso de té a la menta en la mano.

—Son los Padres del Desierto –anunció Nicolás–. Nos quedaremos con ellos lo que queda de día. Ellos tienen muchas de las respuestas que andas buscando.

Germán no era consciente de tener preguntas para aquellos pobladores del oasis, pero no dijo nada. Se dejó conducir por el director de Proyecto de Vida hasta el amplio entoldado. Tras ofrecerles asiento, no tardaron en traerles un vaso de agua fresca, té y una fuente de dátiles.

Justo entonces, un anciano de largas barbas que caminaba encorvado se acercó a los forasteros y, mirando con sus ojos claros a Germán, le preguntó:

—¿Y tú quién eres?

12. Los padres del desierto

Germán dio su nombre al anciano, pero esto no pareció contentarle, ya que repitió su pregunta un par de veces más. Esto hizo pensar al recién llegado que debía explicar cuál era su situación en su anterior vida.

Aquél era el juego, al parecer. Estar muerto pero seguir conduciéndose como si nada hubiera sucedido y tuviera toda una existencia por delante. Una vez más, pensó que aquella extraña escuela de vida era cruel.

—Tengo un hijo aún pequeño que vive con quien había sido mi esposa. Cuento con la compañía de Brenda, aunque la conozco desde hace muy poco —Germán tuvo que hacer memoria para enumerar cosas que ahora le parecían muy lejanas—. Poseo un apartamento en el centro de la ciudad y una casa en un acantilado frente al mar. Tengo otra en el campo, pero hacía más de un año que no iba, así que ahora está alquilada. Ah, también dispongo de una moto y de dos coches. Uno deportivo y un todoterreno que casi nunca saco del garaje.

Varios ancianos vestidos con chilabas se habían unido al primero para escuchar con asombro aquel relato.

—No has contestado a mi pregunta –replicó el Padre del Desierto–. Yo te estoy preguntando quién eres y tú sólo me hablas de cosas sin valor.

—¿Cómo que sin valor? –se indignó Germán–. Me ha costado muchísimo reunir todo esto. He tenido que trabajar un montón para conseguir estas cosas.

—Más vas a tener que trabajar para saber quién eres en realidad… –añadió un hombre menudo que sostenía una humeante taza de té–. Hasta ahora sólo has hablado de lo que tienes.

Nicolás parecía encantado ante aquella escena y se limitaba a prestar atención a lo que decían unos y otros.

El anciano que le había preguntado primero le soltó entonces:

—Tenías muchas cosas, según tú, pero no has podido traértelas aquí. Por lo tanto, es como si no las tuvieras.

—Es verdad… –repuso Germán apenado–. Lo cierto es que aquí no tengo nada… No soy nada.

—Ahí está tu error. Hablas en clave de *«Si no tengo, no soy»*. Como no tienes aquí una familia, dinero, propiedades… te sientes desnudo y perdido, pero tú eres algo distinto de tus posesiones. Y tu misión es descubrirlo, pasar del *«Yo tengo»* al *«Yo soy»*, que es mucho más valioso.

—Lo que tienes sirve para cubrir las expectativas de los demás –añadió el hombre más pequeño—, pero lo que tú eres servirá siempre para ti. Eso es lo único que en realidad posees en el desierto de la vida.

13. Las tres preguntas

El sol fue cayendo, lento y pesado, sobre aquel primer oasis hasta que el frío hizo acto de aparición. El cocinero del campamento encendió entonces un fuego para empezar a preparar la cena.

Antes de que la noche se cerniera sobre el palmeral, el más viejo de los Padres del Desierto escribió con tiza en una pizarra tres preguntas para los huéspedes:

> ¿QUIÉN SOY?
> ¿DÓNDE ESTOY?
> ¿ADÓNDE VOY?

A Germán aquellas preguntas le parecieron muy tópicas, pero no se atrevió a decirlo por no desairar a sus anfitriones. El viejo le escrutó con ojillos de roedor astuto y le dijo:

—Si te haces estas preguntas diez días seguidos, y respondes de forma sincera, tu vida dará un enorme salto hacia delante. ¿Por qué no empiezas ahora?

Dicho esto, abandonó la jaima dejando a los forasteros con aquellas tres interrogaciones en la pizarra.

—Vamos, no te duermas… –le animó Nicolás–. Haz como si tuvieras toda la vida por delante.

—La primera pregunta quizá sea la más difícil de responder… Ahora mismo soy un hombre que lo ha perdido todo y atraviesa el desierto buscando la Ciudad del Amor.

El otro afirmó suavemente con la cabeza y levantó la palma de la mano, invitándole a que pasara a la segunda pregunta.

—¿Dónde estoy? En ninguna parte. Abandoné por accidente una vida donde he descubierto que no era feliz, y he ingresado en un extraño limbo del que desconozco las reglas.

—Estás en tránsito –apuntó Nicolás–, lo has definido bien. Y ahora la tercera.

—¿Adónde voy? Pues no lo sé… Supongo que hacia una nueva claridad que me permita corregir mis errores y entender qué diablos he venido a hacer aquí.

—Fantástico –sonrió el otro–. Vale la pena que cada día te hagas estas preguntas, tal como ha dicho el viejo, porque las respuestas irán cambiando. De hecho, las tres preguntas tienen mucho que ver con lo que comentábamos antes. «¿Quién soy?» habla de tus valores, «¿Dónde estoy?», de tus creencias.

—¿Y el «Adónde voy?»

Nicolás meditó unos segundos antes de responder:

—La respuesta a esta pregunta es tu Proyecto de Vida. Por eso es la más importante de las tres. Responder al «¿Adónde voy?» de ahora crea el «Quién soy» de tu futuro.

14. El dolor del mercader

Aquella noche llegaron dos nuevos viajeros al campamento del palmeral: un mercader de rasgos asiáticos y un médico occidental que observaba a todo el mundo a través de unas diminutas gafas redondas.

Mientras las estrellas proyectaban su luz sobre los toldos de aspecto casi etéreo, Germán se preguntaba de dónde salían todas aquellas personas. ¿Qué hacían en un mundo en el que los ya muertos esperan su destino final? ¿Eran difuntos, como él, o maestros que vivían en la Otra Vida para educar a los que pasaban por ella?

Ajenos a sus preguntas, los Padres del Desierto habían preparado una cena especialmente suculenta para sus cuatro invitados aquella noche, y un mozo aparecido de entre las palmeras tocaba un instrumento parecido a una cítara a cambio de participar del banquete.

Tras servirse una ronda de ambrosía de dátiles, de repente el mercader quiso hablar:

—Voy a contar mi historia por si puede inspirar a alguien. Durante mucho tiempo, en el mundo de ahí abajo trabajé junto a mi padre y mi tío en una fábrica de hilaturas que era cada vez más próspera. Llegamos a tener hasta cien trabajadores y yo era el jefe de ventas de una región más grande que algunos países. Pero no era feliz.

Esas últimas palabras hicieron que todas las miradas, en las que se reflejaba el temblor del fuego, se posaran con fijeza en el asiático, que siguió contando:

—Yo quería ver mundo, no contar albaranes y billetes, así que decidí hacerme al camino y convertirme en mercader. Antes de partir, quise despedirme de cada familiar y amigo que había sido importante en mi vida. Y fue doloroso.

—Claro… —comentó el joven de la cítara, que de repente dejó de tocar—, a nadie le gusta perder de vista a un ser querido.

—Era algo más que eso —dijo el mercader, que en aquel mundo hablaba el mismo idioma que los Padres del Desierto y que el mismo Germán—. Cuando decides hacer un cambio en tu vida, si no lo explicas muy bien puedes perderlo todo: tus amigos, tu pareja, tus hijos… Ellos están acostumbrados a que seas de determinada manera y a que hagas ciertas cosas, y de repente te ven como una persona enteramente distinta. Y eso da miedo. Por eso hay que asumir que el cambio casi siempre es doloroso.

En aquel punto fue el médico de gafas redondas quien tomó la palabra:

—Cuando cambiamos de rumbo de forma muy clara también cambiamos por dentro. Al incorporar un hábito a nuestra vida, por ejemplo: practicar la meditación, al cabo de 21 días se ha creado un nuevo circuito neuronal. En ese punto podemos decir que somos nosotros, y al mismo tiempo somos alguien diferente, que piensa y actúa con nuevas herramientas.

—¿Quieres decir con eso que no sólo podemos modelar nuestra vida, sino también nuestra mente? –intervino uno de los ancianos.

—Desde luego –concluyó el médico–. Cada cual es el arquitecto de su destino. No existe la suerte ni podemos culpar al mundo de nuestros males. Somos lo que decidimos hacer con nuestra vida y con nuestra mente.

15. El taller del desierto

A la mañana siguiente, reprendieron la marcha en dirección a Liubápolis a través de aquel desierto que parecía no tener fin. Mientras el sol acariciaba con su oro las suaves dunas, Germán pensaba en el significado de aquel viaje y en el sentido de su vida.

Le inquietaba pensar en el hombre de blanco que le esperaba a las puertas de aquella ciudad que quedaba cada vez más lejos. ¿Seguiría esperándole o se habría marchado ya a guiar a otro desafortunado?

Mientras reflexionaba en todo esto, en medio del desierto apareció una gasolinera con un taller mecánico anexo.

—Vamos a llenar el depósito —anunció Nicolás mientras frenaba la furgoneta.

—Me asombra que en la Otra Vida haya las mismas necesidades que en la de «ahí abajo», como decís. De pequeños nunca nos dijeron que en el Cielo hubiera gasolineras.

—Esto no es exactamente el Cielo, Germán... O no la clase de cielo que tú creías.

—Ya lo sé —dijo, irónico, bajando del vehículo—, es una escuela de vida para los que ya han muerto, o algo parecido.

Mientras Nicolás llenaba el depósito, Germán decidió curiosear dentro del taller mecánico anexo a la gasolinera. Se sorprendió al encontrar, en lugar de coches, una columna de ruedas de madera con diferentes irregularidades.

Al fondo del local, un hombre de pelo canoso parecía dormitar en una mesa frente a un frasco vacío, un cesto lleno de piedras y un jarro de agua.

Aquel lugar era realmente extraño.

—¿Para qué son estas ruedas? —se atrevió a preguntar Germán—. No hay ni una que sea redonda del todo.

El hombre del taller levantó la mirada de la mesa y contestó alegre:

—Por eso están aquí. Para nivelarlas. Si no, es imposible que rueden bien…

—Eso está claro… ¿Y para qué vehículo son?

—¡Oh! Para uno muy especial… Ya que estás aquí —dijo el hombre de repente—. ¿Quieres hacer tu propia rueda?

Germán asomó la cabeza por una ventana del taller y vio que Nicolás seguía cargando el depósito. Aunque no entendía aquella propuesta y para qué necesitaba él una rueda de madera, se dijo que en la Otra Vida todo sucedía por algo. Y, además, hasta que no fuera llevado por el hombre de blanco a su destino final, disponía de todo el tiempo del mundo.

—De acuerdo. ¿Qué tengo que hacer?

El hombre del pelo gris se puso en pie y respondió:

—Sobre todo, ser sincero.

16. La rueda de la vida

—Antes de cortar la rueda de madera con una sierra de marquetería, hay que dibujarla —dijo el hombre extendiendo un gran papel blanco sobre la mesa.

Germán se sentó a su lado y no pudo evitar decir:

—¿Por qué necesitas dibujarla? Todas las ruedas son iguales.

—¡Éstas no! —se indignó el hombre del pelo gris—. Al igual que no hay dos vidas iguales, existe una rueda distinta para cada persona.

Dicho esto, dibujó un círculo y lo dividió en seis secciones, escribiendo en el interior el nombre de cada una.

—Ahora quiero que valores del 0 al 100 tu nivel de satisfacción en todos estos ámbitos –le pidió el hombre del pelo gris–. Pintaré las secciones según lo que me digas.

—Carrera profesional y dinero un 100. No hubo nada que no consiguiera.

—Habla en presente… En la Otra Vida nos encontramos en un presente interminable.

—Como quieras… En la parte de los amigos pon un 40 por 100. En mi trabajo he conocido a algunas personas con las que me llevo realmente bien –dijo Germán esforzándose por usar el presente–. En cuanto al padre, un 15 por 100, pues sólo veo a mi hijo dos fines de semana al mes. Como hijo un 5 por 100, por falta de experiencia, y como pareja un 30 por 100. Mis amantes no suelen quejarse y eso es algo.

El hombre del taller iba sombreando cada sección de la rueda según lo que le decía Germán.

—¿Y la salud?

—Ponle un 60 por 100. No tuve grandes achaques hasta estrellarme con el coche, pero muchas noches tenía problemas para dormir. En cuanto a vida espiritual… –pensó un instante–. Si tengo que ser sincero, sería un 10 por 100 como mucho. Sólo pensaba en estas cosas cuando iba a un entierro.

—¡Muy bien! Pues ya tenemos tu rueda.

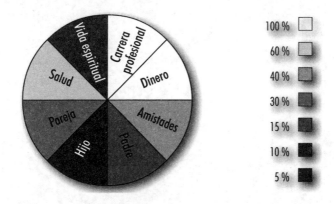

—Ahora dime… –siguió el hombre–. ¿Crees que si la ponemos en el vehículo, que es tu vida, vas a llegar muy lejos?

—Seguro que no…

—Pues entonces tendrás que empezar a llenar las partes que has desatendido para que tu vida vaya sobre ruedas.

—¿Y cómo se hace eso? –preguntó Germán preocupado.

El hombre del pelo gris sonrió y dijo:

—A unas veinte millas de aquí está QCC, un lugar donde descubrirás cómo hacerlo. Pero antes, si quieres, te puedo dar una lección preliminar.

17. La lección de las piedras

De pie frente a Germán, el hombre del pelo gris levantó el frasco de cristal y cogió con la otra mano un montón de guijarros.

—Este ejercicio me lo enseñó un experto en gestión del tiempo que estaba dando una conferencia. Empezó preguntando cuántas piedras caben en el frasco e hizo lo que yo ahora.

Tras esta presentación, fue introduciendo piedras en el frasco hasta llenarlo. Luego preguntó:

—¿Está lleno?

Germán asintió.

A continuación, sacó de debajo de la mesa un cubo con gravilla y vertió parte de ella dentro del frasco. Luego lo agitó. Germán contempló cómo las piedrecitas penetraban por los espacios que dejaban las piedras grandes.

—¿Está lleno ahora? –preguntó de nuevo.– Ahora creo que sí...

Acto seguido, el hombre del pelo gris tomó un saquito de arena de un estante y la metió dentro del frasco.

—¿Y ahora qué? –preguntó.

—Parece lleno del todo, pero ya no estoy seguro…

Con una sonrisa pícara, el hombre tomó entonces el jarro de agua y empezó a verterla dentro del frasco, que aún no rebosaba.

Tras dejarlo sobre la mesa, el hombre del taller miró entonces a Germán y le preguntó:

—¿Qué acabo de demostrar?

—Cuando me dedicaba a los negocios te habría dicho que significa esto: no importa lo llena que esté tu agenda. Si lo intentas, siempre conseguirás que quepan más cosas.

—No es ése el sentido –concluyó el otro–. El mensaje es que si no pones las piedras grandes al principio, luego ya no cabrán.

18. La ciencia de la paz

Nuevamente en ruta, tras dejar atrás las últimas lomas arenosas, avanzaron por una planicie tan inmensa y uniforme que parecía imposible que pudiera llevar a algún sitio.

Meditando sobre la rueda de la vida y sobre el experimento de las piedras, de repente Germán dijo:

—He conocido a pocas personas admirables en mi vida, pero el hombre del taller es una de ellas. Aunque ahora que lo pienso… Todo el mundo en la Otra Vida me parece excepcional.

—Todo el mundo, incluso tú mismo –apuntó Nicolás–. Cuando alguien se atreve a aprender se convierte en un ser humano excepcional, ya que se supera constantemente a sí mismo. Para ello necesitas saber admirar y tener paciencia.

—Paciencia, justamente, es algo que faltó en mi vida –reconoció Germán con tristeza.

—Antes de llegar a la Ciudad del Amor, aprenderás algo sobre las palabras que te va a ser útil, pero déjame que te hable de la paciencia. Alguien me dijo una vez que significa «la ciencia de la paz».

—*Si non e vero e ben trovato*, como dicen los italianos.

—El sentido es plenamente verdadero. Esperar a que el fruto madure te ahorrará muchos mordiscos agrios en la vida. Casi todos los errores que comentemos, como pelearnos con otras personas, tienen su causa en reacciones precipitadas.

—Tienes toda la razón… –concedió Germán mientras escrutaba inquieto aquella planicie sin fin–. Y yo estoy perdiendo la paciencia ahora mismo. ¿Dónde se encuentra ese lugar… QCC? Esto no tiene fin.

—Todo tiene un fin, lo bueno y lo malo, aunque no lo creamos –dijo Nicolás manteniendo una velocidad suave y constante–. Sobre la paciencia… Si quieres entrenarla, como cualquier otro valor, sólo debes admirar a alguien que posea esa cualidad y tratar de imitarle.

Sin que Germán entendiera por qué, en este punto el conductor detuvo la furgoneta en medio de la nada, y siguió hablando:

—Si quieres adquirir los valores de una persona paciente, elige una que hayas conocido y analiza cómo actúa. ¿Qué cosas hace? ¿Por qué las hace? Luego te visualizas a ti mismo como persona paciente y representas en tu mente que estás ejecutando esas mismas acciones con su mismo espíritu.

—Me parece un buen ejercicio y voy a ponerlo en práctica… pero dime, ¿qué hacemos aquí parados? ¿Estás poniendo a prueba mi paciencia?

Nicolás rio sonoramente antes de contestar:

—No, hemos llegado.

19. Qué, cómo y cuándo

Totalmente desconcertado, Germán salió junto al director de Proyecto de Vida a aquel infinito erial que parecía la superficie de un planeta muerto. Miró en todas direcciones, pero no vio nada que hiciera pensar en algún lugar habitado. Un sol gigantesco hacía arder aquella tierra y su propia cabeza.

—¿Dónde está el QCC? ¿Y qué diablos es? –preguntó perdiendo los nervios–. ¡Yo no veo nada!

—Eso es porque miras en todas direcciones menos donde deberías mirar... –repuso Nicolás en tono enigmático–. Tu problema es justamente ése: la perspectiva.

—¿A qué te refieres? ¿Dónde tengo que mirar?

De forma involuntaria, Germán bajó la mirada hasta sus pies, justo cuando su compañero en aquel extraño mundo limpiaba el terreno con la suela de su bota.

Bajo una fina capa de arena, apareció una plancha de metal rojizo con un asa para tirar de ella.

—He visto brillar esa compuerta desde la furgoneta –explicó Nicolás tirando de la trampilla hasta lograr levantarla–. El lugar está marcado con un círculo de piedras, pero no lo has visto. Estabas demasiado ansioso buscando el fin del horizonte.

—Otra lección que aprender –repuso el otro con cierto fastidio–. Por cierto, ¿qué hay ahí abajo? ¿Y qué significan las siglas de QCC?

—Es una fórmula para que puedas equilibrar tu rueda de la vida. Ahora baja conmigo.

Germán le siguió por una escalera de mano que descendía por un túnel vertical tenuemente iluminado. A medida que se alejaban de la superficie, sintió cómo un suave frescor le vivificaba.

La escalera terminaba en una especie de bodega circular, iluminada por elementos fosforescentes integrados en la roca. Un sofá de diseño moderno y un cántaro lleno de agua fresca era todo lo que contenía ese zulo, que no tenía más túneles que aquella excavación bajo el desierto.

—¿Qué es este lugar? –preguntó Germán dejándose caer sobre el sofá–. ¿Un refugio nuclear? ¿Hay esa clase de guerras también en la Otra Vida?

—Negativo –dijo Nicolás tras sentarse a su lado.

—¿Un *chill out* para resguardarse del calor del desierto?

—Tampoco. Es una sala de reflexión. Un lugar para pensar y tomar decisiones, que es lo que más necesitas en este punto de tu aprendizaje. Y tampoco ahora estás mirando donde deberías...

Germán levantó instintivamente la cabeza y vio que, alrededor del túnel por el que habían bajado brillaban, con una hipnótica fosforescencia, las tres palabras que ocultaban las siglas que habían seguido.

QUÉ
CÓMO
CUÁNDO

Germán miró a su compañero interrogativamente, y éste se limitó a decir:

—Toma cualquier sección pobre de tu rueda de la vida y empieza a decidir qué harás para cambiarlo, cómo piensas hacerlo y cuándo vas a empezar. Olvídate de que te encuentras aquí e imagina que vuelves a estar en tu anterior vida, sentado en un café, en tu coche o en tu despacho, y que eres libre de hacer lo que quieras.

—Siempre he sido libre —murmuró conmovido—, pero me he dado cuenta demasiado tarde.

—Nunca es tarde. Empieza ya con tu lista. Si consigues poner diez cosas para cada objetivo, el cambio es seguro.

20. Diez medidas para lograr un cambio

Objetivo: ser un buen padre para mi hijo		
¿Qué puedo hacer?	¿Cómo voy a hacerlo?	¿Cuándo voy a empezar?
1. Dedicarle más tiempo	Eliminando citas innecesarias	La próxima semana
2. Escucharle de verdad	No pensando en mis problemas cuando me cuente sus cosas	Ahora
3. Ser digno de su confianza	Poniendo sus necesidades por delante de lo superfluo	Ahora
4. Jugar con él	Incluyendo el juego como una prioridad en mi vida	Ahora
5. Planear escapadas juntos	Anulando compromisos con clientes que viven lejos	La próxima semana
6. Enseñarle a ser justo consigo mismo y con los demás	Demostrándole que yo también soy capaz de hacerlo en mi vida	Ahora
7. Pedirle perdón por todo el tiempo que no le he dedicado	Sin vergüenza y perdonándome a mí mismo por no haberlo sabido hacer mejor	Ahora
8. Animarle a disfrutar de las cosas sencillas de la vida	Aprendiendo yo primero a hacerlo para que pueda mostrarle cuáles son	Ahora
9. Inculcarle buenos hábitos de salud	Estando presente cuando él necesita este apoyo	El mes que viene
10. Ser un buen ejemplo de persona para él	Viviendo de forma más sensible, bondadosa y coherente	Mañana

21. Si tú cambias, todo cambia

Tras escribir aquella lista en su cuaderno rojo, que había llevado hasta el QCC a petición de Nicolás, al subir de nuevo por la escalera de mano no pudo evitar que las lágrimas corrieran por sus mejillas.

Germán había necesitado enterrarse en la Otra Vida para descubrir cosas tan obvias que cualquier padre debería saberlas. Pero, tal como había oído decir a un prestigioso conferenciante, «a menudo lo obvio termina obviado».

Superados los últimos peldaños, al salir de nuevo a la superficie fue incapaz de reconocer nada. Sólo la furgoneta seguía en su sitio.

Era tal su asombro que Germán necesitó un buen rato para darse cuenta de lo que le rodeaba.

El desierto había dejado paso a una pradera igual de interminable, llena de flores, arbustos y pequeños riachuelos. Una bandada de aves atravesaba el cielo profundamente azul moteado por esponjosas nubes, que avanzaban perezosamente empujadas por la brisa.

Germán se pasó la mano por los cabellos antes de decir:

—Creo que, sin darnos cuenta, hemos salido por otro túnel y estamos en otro lugar muy distante del desierto.

—Es el mismo lugar –dictaminó Nicolás–. Sólo que adaptado a quien tú eres ahora. Los paisajes de la Otra Vida son un reflejo de ti, y en la sala de reflexión tú has decidido convertir tu desierto en algo mucho más bello.

—Pues será eso… –musitó sin salir de su asombro–. ¿Cambia para algo nuestros planes?

—¿Qué quieres decir?

—En principio, íbamos a atravesar el desierto para llegar a Liubápolis, la Ciudad del Amor.

—Y ése sigue siendo nuestro destino –dijo Nicolás mientras ponía nuevamente la furgoneta en marcha–. El amor es el inicio y el fin de todo ser humano. Lo único que ha sucedido es que, con tus pensamientos, has decidido que el camino hacia él sea más bonito.

22. El léxico de la felicidad

Transitando felices por una carretera flanqueada de prados, arboledas y estanques, llegaron al atardecer a la Ciudad de las Palabras.

—Creo que es la última etapa antes de llegar a Liubápolis –le explicó Nicolás–. Y no es casual. Dado que no hay nada más humano que las palabras, de su uso depende nuestra felicidad y la de nuestros compañeros de vida.

Después de dejar la furgoneta bajo un cobertizo, los dos hombres siguieron un camino de gravilla que discurría entre curiosos edificios de colores que tenían forma de letra.

—Creo que la recepción es en la A. No puede ser de otro modo...

En efecto, una casa de pronunciado tejado, con una ventana triangular y una cristalera más amplia en la parte baja, fue lo primero que encontraron al final del camino de grava.

Al franquear la puerta de la cabaña en forma de A les recibió un joven conserje con unas gafas de montura de pasta. Sonriente, les invitó a acompañarle hasta una pequeña sala de conferencias donde se proyectaban hologramas de palabras ante una docena de estudiantes.

Una mujer de mediana edad, que se presentó como doctora en Léxico de la Felicidad, iba señalando con un puntero las apariciones de palabras, que provocaban distintas reacciones del público.

Palabras como «VOY» o «PUEDO» levantaban aplausos porque, como apuntaba la experta, invitaban a la acción y a la realización, mientras que expresiones como «ES QUE...», «SI PUDIERA...» o «OJALÁ...» promovían la pasividad y la inacción.

Acto seguido, una radiante palabra de dos letras sumió de entusiasmo a los estudiantes:

SÍ

—Ésta es una de las palabras más poderosas que existen —explicó la doctora—. Las personas infelices se pasan la vida denunciando todo lo que *NO* les gusta de la realidad. Ven defectos en todo el mundo, en sus propias existencias y en la vida misma. Son adictos a la Negatividad, que es la negación de la parte bella de la vida. Están obcecadas en ver *lo que no hay*, en lugar de agradecer lo que hay.

Un estudiante de las primeras filas levantó el brazo para intervenir.

—¿Deberíamos extirpar entonces el NO de nuestro diccionario, doctora?

—¡Eso jamás!

Los asistentes al curso se quedaron mudos ante la reacción de la ponente, que acto seguido bajó el tono de voz y explicó:

—Para poder decir que SÍ a las cosas verdaderamente importantes de la vida es necesario decir NO a otras. Pero, cuidado, el NO es un arma que puede ser destructiva. Hay que aprender su uso en el ring para no destruir nuestras relaciones.

23. El ring del «no»

Tras tomar conciencia del uso de las palabras, Germán accedió de mala gana a educarse en el NO dentro de un ring al que se llegaba por un sendero en forma de N que partía de la recepción.

Un viejo entrenador con una toalla colgada al hombro le entregó unos guantes de boxeo y luego se puso su propio par.

—Vamos a ver si nos entendemos –dijo–. Yo te haré propuestas a las que querrás negarte. Según como te expliques, nos atizaremos o bien nos fundiremos en un abrazo.

Sin entender nada de nada, Germán se movía intranquilo en el ring mientras Nicolás, desde una silla plegable, contemplaba divertido la escena.

El viejo entrenador dijo entonces a su *sparring:*

—Necesito que me dejes dinero para construir un ring nuevo. Éste tiene mala ventilación y ya nadie quiere venir a vernos pelear. ¿Lo harás por mí?

—No lo haré.

Con un movimiento inesperadamente ágil para un púgil de su edad, reaccionó a su negativa asestándole un *uppercut* en la barbilla que hizo caer de espaldas a Germán.

El entrenador le ayudó a levantarse a la vez que le aleccionaba:

—Ése ha sido un NO ofensivo, por eso te he pegado. Fuera del ring no te pegarán, pero te encontrarás con personas que te retiran la amistad o que empiezan a hablar mal de ti en sus círculos. Hay otras maneras de preservar tu libertad sin recurrir a un NO que niega al otro en su totalidad.

—¿Cuál es esa manera? –preguntó Germán, que aún no se había recuperado del puñetazo.

—Añade un «PERO» a ese «NO» y luego le das una alternativa a tu oponente. Así estás defendiendo tu espacio sin por ello excluir al otro. ¿Vamos al segundo round?

—De acuerdo… –dijo Germán con poca convicción.

El viejo entrenador volvió a rodearle, dando saltitos y lanzó nuevamente su petición:

—Entonces, ¿vas a dejarme el dinero para hacerme construir un nuevo ring?

Germán se sintió tentado a exponer un «TE HE DICHO QUE NO» claro e inequívoco, pero enseguida recordó la palabra mágica para poder negarse sin acabar por los suelos.

—NO puedo dejártelo, PERO te recomendaré un banco en el que podrás negociar un buen crédito.

El contrincante contrajo levemente la cara, como si estuviera disgustado, pero su expresión pronto mudó en una amplia sonrisa. Acto seguido, abrazó a Germán mientras le decía:

—Eso está mucho mejor. No haces nada que no desees hacer pero, al plantearme una alternativa, al mismo tiempo sé que te preocupas por mí y quieres ayudarme. Eso es lo que yo llamo un NO POSITIVO.

24. Escuchar es amar

Con la caída de la noche, subieron a la furgoneta para emprender el último tramo de aquel singular viaje, tal como le había advertido Nicolás.

Una larga carretera de asfalto atravesaba una región donde, por el tintineo lejano de las luces, ya se palpitaba la existencia de una ciudad.

Germán no tenía un ápice de sueño. Saber que se encontraban al final de aquella escuela, regalada como consolación a los que lo habían perdido todo, le había sumido en una gran inquietud.

«Si todo está a punto de terminar –pensó–, el hombre de blanco me llevará a mi destino final y allí pasaré el resto de la eternidad».

Hecho un manojo de nervios, Germán estuvo tentado de preguntar a Nicolás qué sabía sobre ese destino y si sería muy aburrida y dolorosa su eternidad. Sin embargo, antes de que pudiera sacar el tema, el otro le anunció:

—Te llevaré a un hotel a la entrada de Liubápolis y seguiré mi ruta.

—¿Vas a dejarme solo después de hacer tanto camino juntos? –se alarmó Germán.

—No estarás solo. Al menos, esta noche.

—¿Qué quieres decir? –preguntó escandalizado.

—Allí te espera una mujer de la que puedes aprender algo para dejar el Otro Mundo en paz. Siempre que sepas escuchar, claro.

A Germán no le pasó por alto el repentino cambio de tono de su compañero. Era como si, tras una larga travesía en la que habían confraternizado, le preparara para pasar una eternidad sin echar de menos a nadie.

—¿Qué te hace pensar que no sé escuchar? –le soltó a Nicolás, poniéndose a su nivel–. Has presenciado por ti mismo cómo atendía todas las lecciones del viaje. Y esta libreta roja llena de notas es la prueba –se justificó acariciando el cuaderno en su regazo–. Incluso has visto cómo el desierto pasaba a ser un prado lleno de flores.

—No es suficiente –dijo Nicolás con sequedad–. El amor es el doctorado de la sabiduría humana. Esta clase de vínculo es donde demuestras lo que has aprendido en el arte de vivir. Cuando aprendes a amar, buscas lo mejor para el otro, de modo que sea feliz. Y eso redunda en tu propia felicidad, porque si el otro se siente mucho mejor podrá regalarte su alegría de vivir. El regalo que haces a quien amas, en realidad, te lo haces a ti mismo.

Germán permaneció un rato en silencio, intranquilo ante la perspectiva de pasar la velada con una mujer a la que no conocía. A punto de dar el paso definitivo hacia la eternidad, lo último que le apetecía era fingir una noche de pasión, como un soldado antes de inmolarse en una batalla.

Nuevamente fue Nicolás quien tomó la palabra:

—¿Sabías que el 90 por 100 de las parejas fracasan por un solo motivo? Y es la mala comunicación. No saben expresar lo que sienten y por eso lo hacen a través de discusiones que sólo logran herir al otro y aumentar la distancia.

—Sé de lo que me hablas... –repuso el otro amargamente–. Pero no tengo ganas de recordar malos tragos. No, en mi última noche en la Otra Vida, o cualquier cosa que esto sea.

—Nunca es tarde para aprender... Sobre todo cuando es algo tan ignorado en la educación que se da ahí abajo. Os enseñan a leer, a escribir, a hablar... pero no a escuchar. Y es un arte que puede salvar casi cualquier relación de pareja.

—¿Qué entiendes tú por escuchar? Es algo difícil de hacer cuando tu pareja está gritando.

—Quizá grita justamente porque no le estás escuchando... –apuntó Nicolás–. Escuchar es estar presente en el otro, tratar de comprender sus sentimientos. Incluso cuando la pareja se comunica mal y nos ofende, escuchar es poner los cinco sentidos en entender qué te está queriendo decir en realidad. Cada queja esconde una necesidad. Si eres capaz de interpretarla, entonces el problema está resuelto. Pero para ello es necesario un importante cambio de perspectiva... En lugar de gritarle a tu pareja: «¿de qué te quejas?», se trata de preguntarle: «¿qué necesitas?».

—Sin duda, debería enseñarse en las escuelas –admitió Germán–, pero para mí es demasiado tarde.

Un imponente hotel con ventanas iluminadas en forma de corazón apareció al final de la carretera. Nicolás fue reduciendo la marcha a la vez que concluía:

—Quédate con estas dos leyes, querido. La primera: cuando una persona escucha, nunca hay discusión. Y segunda: cuando dos escuchan, entonces ya es amor.

25. El hotel del amor

Germán llegó a la recepción del hotel con un malestar creciente en su interior. No sólo no deseaba pasar la noche con una desconocida de la Otra Vida, sino que al final de su aprendizaje se daba cuenta de hasta qué punto había fracasado en todos los frentes importantes de su existencia.

Como si pudiera leer su turbación, un amanerado botones le acompañó directamente al ascensor y le dijo:

—No es necesario que nos dé sus datos. Sabemos perfectamente quién es usted, al igual que la cliente que le espera en la habitación 27.

Germán subió al segundo piso con la sensación de que el aire no le pasaba por la garganta. Cuando las puertas metálicas se abrieron, sintió que las piernas le fallaban.

Estaba allí, esperándole con los brazos cruzados. Su exmujer.

Antes de desmoronarse, Germán le dijo:

—Dime que no has muerto tú también y ahora Bruno está solo en el mundo.

—Puedes estar tranquilo –le dijo besándole en la mejilla con ternura–. Bruno está conmigo, en la habitación, pero ninguno de los dos hemos muerto. De hecho, según nos han dicho al llegar, ahora mismo estamos durmiendo ahí abajo.

Germán respiró más tranquilo mientras se dejaba conducir de la mano hasta la habitación 27. Se la tomaba con la misma suavidad que cuando se habían conocido y, llena de amor por él, velaba por cada detalle que pudiera hacerle feliz.

—Estáis durmiendo ahí abajo y habéis venido a través del sueño a despediros de mí, ¿es eso? –dijo Germán con un nudo en la garganta–, porque después de pasar por este limbo voy a irme para siempre.

—Ahora no pienses en eso –le susurró al oído– y ve a saludar a Bruno. ¡Está loco por abrazarte!

Ella se disponía ya a abrir la puerta con la tarjeta magnética, cuando Germán la tomó por el brazo para detenerla.

—Antes de que nos vea Bruno, quiero pedirte perdón por todas las veces que te fallé cuando tú habías puesto tantas esperanzas en nosotros.

—Esta noche no es necesario que…

—Sí es necesario –la interrumpió–, sobre todo en este momento. No te amé como lo merecías. No pude porque, entonces, era tan ignorante y limitado que ni siquiera era capaz de amarme a mí mismo. Por eso estoy aquí y me voy ya para siempre.

Ella le abrazó y, con voz serena, le dijo aún al oído:

—Estamos aquí porque te amamos, no para pasar cuentas del pasado.

Dicho esto, abrió la puerta y Germán fue abordado por un niño que corría excitado a su encuentro.

—¡Papá! Te he echado tanto de menos…

Tras un largo abrazo aderezado de lágrimas, confidencias y declaraciones de amor, aquella última noche durmieron los tres juntos.

26. Trayecto final

La luz de la mañana encontró a Germán en una cama donde no quedaba ni rastro de su exmujer ni de su hijo.

Resignado a emprender el trayecto final, se vistió con premura y bajó en ascensor hasta la recepción, donde en aquel momento unos operarios hacían reparaciones en el acceso principal.

—Salga por la puerta de atrás, por favor –le dijo el botones de la noche anterior.

«Es muy propio de mi vida que abandone también este lugar por la puerta de atrás», se dijo Germán.

Saber que nunca más podría abrazar a su hijo le imbuyó de una frialdad que le hacía ya deseable el descanso en la nada. Con paso rápido llegó a la puerta trasera, que era giratoria, y salió a una avenida que no le resultó desconocida.

Era la misma ciudad lúdica a la que había llegado tras el accidente, pero mucho más triste. Los puestos de chucherías, las atracciones, el cine... todo estaba abandonado, como si aquel lugar hubiera cesado su actividad largo tiempo atrás.

Ni siquiera el cartel estúpido que anunciaba su película seguía allí.

Aquello era Liubápolis, pero ya no quedaba nadie a quien amar.

Atravesó la avenida desolada con la sensación de hallarse ante los restos de una hecatombe. La hecatombe que —ahora lo sabía— no era otra cosa que su vida.

Tras cruzar los límites de la ciudad sin vigilancia alguna, casi se alegró de ver al hombre de blanco, que levantó el brazo para llamar su atención. Sonrió bajo su cabeza perfectamente rasurada, mientras le señalaba un impecable Maserati rojo aparcado a una docena de metros.

—Wow... —exclamó admirado—. Habéis logrado restaurarlo a partir de un montón de chatarra.

—Es una última deferencia de la Otra Vida. Hemos pensado que le gustará ir a su destino final con su propio coche. —Y levantando las llaves añadió—. Eso sí: conduzco yo.

—Como quiera... —repuso Germán, totalmente apático—. Ya no me impresiona este coche ni ningún otro.

—Formidable, eso significa que has aprendido —le tuteó.

Un minuto después, arrancaban en dirección a la carretera donde Germán había vivido su primer final.

Tras descender medio kilómetro de curvas por la carretera de la costa, el hombre de blanco aprovechó un trozo de la vía más amplio para dar un giro que le permitiera subir de nuevo.

—¿Qué diablos estás haciendo? —protestó Germán al ver que volvían a correr por la carretera que llevaba a lo que había sido su torre sobre el mar.

El conductor primero no contestó, pero al llegar a la última curva, se excusó con la mirada mientras le decía:

—Siento mucho que no haya una forma más suave de hacerlo.

Inmediatamente después, giró bruscamente el volante hacia el precipicio.

27. Principio

El hombre de blanco le observaba, a escasos metros del coche convertido en chatarra, mientras Germán trataba de empujar la puerta para salir.

La sangre que resbalaba de su frente y el sonido lejano de una ambulancia contrastaban con su llegada a aquel extraño limbo sin un solo rasguño.

Quien había sido su guía, en cambio, parecía cada vez más etéreo.

—Antes de que te marches de la Otra Vida tengo la obligación de leerte el documento que escribiste y firmaste al llegar.

—¿Qué documento? —preguntó Germán mientras intentaba sin éxito liberar la pierna de la chapa aplastada.

—El de LAS TRES COSAS QUE TE QUEDAN POR HACER. Por si lo has olvidado, te recordaré yo mismo lo que escribiste:

> **CONSEGUIR UNA RELACIÓN DURADERA**
> **SER UN PADRE PARA MI HIJO**
> **CREAR UNA FUNDACIÓN PARA AYUDAR**
> **A LOS NECESITADOS**

El sonido de la sirena se detuvo en lo alto del precipicio, seguido de varias voces de hombres que se daban órdenes.

—Eso mismo escribí, sí –dijo Germán conteniendo un grito de dolor–. ¿Por qué me molestas ahora con esto?

A punto de desvanecerse, el hombre de blanco aún tuvo tiempo de decir:

—Porque tengo una buena noticia para darte: estás vivo. Puedes hacerlo.

Índice

Finalmente ha llegado tu turno: si te vieras obligado a abandonar ahora mismo esta vida, ¿qué tres cosas fundamentales te quedarían por hacer?

El autor estará encantado de recibir tus anhelos y sueños y ayudarte a cumplirlos, demostrando así que nada es imposible si realmente sabes lo que quieres y trabajas con el fin de conseguirlo.

Para contactar con él y mantenerte informado sobre actos promocionales, talleres, cursos y concursos que se van a realizar a raíz de este libro, puedes visitar sus redes sociales:

Página web: www.marioreyesescudero.com
Facebook: https://www.facebook.com/marioreyescoach/
Twitter: https//twitter.com/marioreyeslibro

o bien contactar a través de Ediciones Obelisco:

Página web: www.edicionesobelisco.com
Facebook: https://www.facebook.com/edicionesobeliscosl/
Twitter: https://twitter.com/edobelisco